AF317047

# ADOTTA *una* MENTALITÀ *Positiva*

## UNA GUIDA AL FEMMINILE VERSO L'OTTIMISMO E IL BENESSERE

# NINA MADSEN

*Special Art Development*

# Sommario


Introduzione ............................................................. 5

**Parte prima: Cambia la tua prospettiva** ......................... 7

Capitolo uno
  Ripensa al tuo percorso lavorativo ................................. 8

Capitolo due
  Riconosci il ruolo della musica nella tua vita ................... 14

Capitolo tre
  Scegli bene i tuoi modelli ....................................... 19

Capitolo quattro
  Rielabora un ricordo negativo .................................... 24

**Parte seconda: Celebra la tua forza** .......................... 31

Capitolo cinque
  Goditi il tempo che passi da sola ................................ 32

Capitolo sei
  Difendi te stessa ................................................ 38

Capitolo sette
  Riscopri la tua città ............................................ 44

Capitolo otto
  Trova (e ama) i tuoi difetti ..................................... 49

**Parte terza: Ama la tua energia** .............................. 54

Capitolo nove
  Dai il giusto valore al cibo ..................................... 55

Capitolo dieci
  Elimina ciò che non usi ............................................... 59

Capitolo undici
  Sostieni te stessa ....................................................... 64

Capitolo dodici
  Rifletti sul tuo modo di amare ................................. 69

**Parte quarta: Ama la tua perseveranza** ........................... **74**

Capitolo tredici
  Racconta la tua storia ................................................ 75

Capitolo quattordici
  Sii la guida verso i tuoi sogni .................................. 79

Capitolo quindici
  Dai libero sfogo alla tua creatività ......................... 84

Capitolo sedici
  Ottimizza il tuo sistema ............................................ 89

**Parte quinta: Ama te stessa, punto** ................................. **93**

Capitolo diciassette
  Mostra gratitudine a te stessa ................................. 94

Capitolo diciotto
  Apprezza le cose belle della vita ............................. 98

Capitolo diciannove
  Ripensa il tuo spazio ................................................ 103

Capitolo venti
  Premi il pulsante Reset ............................................ 107

Conclusione ..................................................................... 111

# Introduzione

La vita può avere così tanti alti e bassi che, a volte, ti sembrerà di essere sulle montagne russe! I momenti belli sono meravigliosi, ci fanno sentire bene e ci ricordano perché è importante non mollare. Quelli difficili, invece, possono farci sentire insicure e vanificare ogni pensiero positivo. In quelle circostanze ci poniamo domande come "sono sulla strada giusta?", oppure "so che tipo di persona voglio essere?".

Gli alti e i bassi fanno parte della vita, ma la chiave per vivere felice è rimanere forte e grata di ciò che si ha, anche nei momenti di crisi.

Ma come si mette in pratica? Il *pensiero positivo* ti permette di apprezzare ciò che ti circonda e di superare qualsiasi tempesta. Forse tale concetto ti può sembrare un po' vago e semplice, ma ti assicuro che non lo è affatto.

Per pensare positivo dobbiamo innanzitutto cambiare punto di vista e imparare a focalizzarci su ciò che abbiamo piuttosto che su quello che ci manca. Invece di prestare attenzione solo ai momenti bui, guarda con fiducia alle benedizioni che la vita ti offre!

Farlo non solo ti aiuterà a uscire dalle situazioni difficili, ma ti darà anche maggiore fiducia, amore e stima in te stessa.

In queste pagine, imparerai come cambiare la tua prospettiva e persino a ripensare il tuo percorso lavorativo. Scoprirai come esaltare la tua forza godendo dei momenti di solitudine e come ricaricare le energie con la giusta alimentazione. Ti svelerò poi il segreto dell'autostima e della perseveranza, e ti aiuterò a liberare la tua creatività e a essere grata a te stessa.

In questo libro, riscoprirai l'importanza del pensiero positivo. Ma tutto comincia da te: amare te stessa ti aiuterà a vedere il mondo e la tua vita in un modo completamente diverso!

# Parte prima: Cambia la tua prospettiva

# Capitolo uno

## Ripensa al tuo percorso lavorativo

> "Dai luce e la gente troverà la strada
> —*Ella Baker*"

Avere una carriera appagante e un lavoro che si ama è un dono che tutti dovrebbero avere. Forse state leggendo queste righe mentre vi godete la vostra pausa al lavoro, o forse vi state rilassando dopo una giornata stressante passata a fare sempre le stesse cose. Potete passare migliaia di ore a coltivare una carriera, ma è davvero la carriera che volete? Uno dei grandi ostacoli al pensiero positivo è quello di trovarsi in un percorso di carriera che non va da nessuna parte o almeno non nella direzione che si desidera.

Lo stress causato da un lavoro che non ci soddisfa può opprimerci e soffocare ogni pensiero positivo. È vero che la carriera non è tutto, ma spesso è l'attività a cui dedichiamo la maggior parte del nostro tempo e che ci porta guadagno. E pensare che il lavoro dovrebbe essere un'opportunità per esprimere le nostre abilità, metterci alla prova e crescere!

Qualunque sia il tuo attuale impiego, se lo vivi con pesantezza e non riesci a vedere degli aspetti positivi per il futuro, potrebbe essere il momento di cambiare strada.

## METTILO IN PRATICA

Prenditi del tempo per riflettere sul tuo lavoro, che tu sia un avvocato, un'insegnante o una cameriera. Inizia a farti alcune domande, come:

- Quali sono gli aspetti positivi del mio impiego? Mi permette di imparare cose nuove?

....................................................................................................

....................................................................................................

- Se non amo il mio lavoro, ci sono comunque dei benefici che mi porta che mi spingono ad andare avanti?

...................................................................

...................................................................

- La mia carriera mi ha influenzato negativamente? In che modo?

...................................................................

...................................................................

- Ho bisogno di un cambiamento per essere felice e avere una visione positiva della vita?

...................................................................

...................................................................

- Quali opzioni ho?

...................................................................

...................................................................

- Quali sono i miei obiettivi lavorativi?

...................................................................

...................................................................

# Esercizio Creativo

Disegna (o trova) un simbolo che rappresenti il tuo campo professionale. Potrebbe essere qualsiasi cosa, da un cappello da chef a una valigetta. Consideralo come un simbolo di forza, che ti aiuterà a raggiungere i tuoi obiettivi.

Mentre lo disegni, pensa alle modifiche che vorresti apportare a tale simbolo man mano che il tuo percorso lavorativo evolve. Ad esempio, quel cappello da chef potrebbe trasformarsi in un berretto da poliziotta, o il grembiule di una cameriera potrebbe diventare l'uniforme di un hostess di volo.

Qualunque cosa tu scelga, prova ad accogliere il cambiamento, pensando al tuo lavoro come a un'opportunità di crescita; in questo modo, imparerai a guardare alla vita in modo positivo.

# Conclusioni

A volte, un lavoro che non ci appassiona può farci sentire così giù di morale da desiderare solo di staccare un po' la spina. Prenditi del tempo per guardarti dentro. Potresti scoprire che ci sono cose positive nella tua carriera che potrebbero spingerti a continuare su quel percorso o persino a raggiungere i tuoi sogni e obiettivi!

# Capitolo due

## Riconosci il ruolo della musica nella tua vita

> **La musica è come una chiave magica, alla quale si aprono i cuori più chiusi**
> —*Maria von Trapp*

La musica di ogni genere ha un grande potere. Ascoltare la propria canzone preferita può trasformare in meglio la tua giornata nel giro di pochi secondi. Quando ascoltiamo la musica che amiamo, riusciamo a fermare il flusso costante di pensieri e a goderci il momento presente. L'intero libro è incentrato sul volgersi verso la luce e la positività, e la musica può aiutarci a farlo. La giusta melodia ti può aiutare a rilassarti, a lasciar andare lo stress, a ballare

o a cantare a squarciagola. In questo esercizio, ti chiedo di dare un ruolo chiave alla musica nella tua vita: fai in modo che diventi un punto focale e che funga da rifugio quando stai attraversando uno di quei momenti difficili.

## METTILO IN PRATICA

Prenditi un po' di tempo per scrivere nel tuo diario il titolo delle tue canzoni preferite. Sono legate a un determinato momento della tua vita? Perché sono importanti per te? Ti aiutano a superare i momenti

difficili? Ti incoraggiano ad andare avanti? In che modo?

..................................................................................................

..................................................................................................

..................................................................................................

..................................................................................................

Dopo aver risposto a queste domande, dedica ogni giorno del tempo alla musica. Ogni volta che ne senti il bisogno, metti su una playlist. Ascoltala mentre prepari la cena con la famiglia, al mattino o mentre fai un bagno caldo.

Pensa alla musica come a una via di fuga, a un luogo sicuro, a una guida per iniziare a vedere le cose più belle della tua vita!

# ESERCIZIO CREATIVO

Crea una playlist delle tue canzoni preferite! A tale scopo, puoi utilizzare l'app musicale che preferisci, scegliendo i brani che più ami e mettendoli nell'ordine che ritieni più opportuno.

Ti consiglio di crearne più di una in base ai diversi stati d'animo o alle situazioni che vivi. Ad esempio, potresti creare una playlist da ascoltare dopo una dura giornata di lavoro, una per rilassarti e una per allenarti.

# Conclusioni

La musica può placare qualsiasi anima e, visto che la vita è così caotica, perché non usarla per placare la tua? Rendila parte della tua vita e lascia che ti dia quella spinta in più per andare avanti.

# Capitolo tre

## Scegli bene i tuoi modelli

> Una donna dovrebbe essere
> due cose: chi e cosa vuole
> —*Coco Chanel*

Siamo ciò che idolatriamo. Chi ammiriamo rivela molto di noi e, a volte, senza nemmeno saperlo, diamo troppa importanza alle persone sbagliate. Come se non bastasse, concentrarci troppo su un modello sbagliato potrebbe farci dimenticare di onorare noi stesse.

Per mantenere una visione positiva della vita, è utile esaminare ciò che ci sta veramente a cuore e chi ammiriamo. Mentre lavori per cambiare la tua

prospettiva, è bene mettere in discussione anche le persone che tendi a prendere come esempio.

## METTILO IN PRATICA

Pensa a chi consideri un modello di vita. Se hai individuato di più di una persona, scegline una e chiediti:

- Cosa ammiro di lei?

...........................................................................................

...........................................................................................

- Quando ho iniziato a considerarla un modello da seguire?

..................................................................................

..................................................................................

- Cosa mi ha mostrato con le sue azioni/parole? Scrivi sette delle sue qualità che ammiri.

..................................................................................

..................................................................................

Successivamente, inizia a pensare a quali sono i tratti che tu e questa persona avete in comune. Segui il suo insegnamento per sviluppare delle qualità che pensi di non avere? Annota ciò che puoi fare per sviluppare quei tratti. L'obiettivo non è quello di copiare un'altra personalità, ma di spingerti a riscoprire la tua parte migliore.

Accanto a ogni qualità, scrivi due azioni che ti potrebbero aiutare ad acquisirle. Le azioni possono includere qualcosa che esula dalla tua zona di comfort, come fare volontariato, esibirsi o socializzare di più. Una volta terminata la lista delle qualità che vuoi sviluppare e delle azioni necessarie per raggiungerle,

avrai chiaro ciò che speri di essere e come arrivarci! Questo sì che è pensare positivo.

Nota: dopo aver riflettuto sul tuo modello di riferimento, potresti scoprire che non è affatto un buon modello! Non c'è niente di male. Non devi far altro che trovare qualcun altro le cui qualità siano davvero ammirevoli.

# Esercizio Creativo

Disegna un ritratto della persona che ammiri. Includi anche immagini che rappresentano le qualità e le caratteristiche che apprezzi e che desideri migliorare.

## Conclusioni

I modelli da seguire ti aiutano a dare un orientamento e una direzione alla tua vita. Possono persino aiutarti a capire te stessa in modo diverso, mostrandoti quali caratteristiche puoi sviluppare. Viva il progresso e la crescita!

# Capitolo quattro

## Rielabora un ricordo negativo

> Tutti hanno una storia da raccontare.
> Tutti sono scrittori, alcune storie sono
> scritte nei libri e altre sono confinate
> nei cuori
> —Savi Sharma

Ci sono ostacoli nella vita che non ci permettono di concentrarci sulle cose belle. I ricordi negativi che non riusciamo a lasciar andare, ad esempio.

Tranquilla, non sei l'unica: tutti desideriamo dimenticare i momenti peggiori del nostro passato, ma non sempre ci riusciamo. Magari, non abbiamo mai perdonato un caro amico che, anni fa, non si è

comportato bene nei nostri confronti; o abbiamo vissuto un'esperienza umiliante che ci ha lasciato il segno; oppure continuiamo a sentirci in colpa per aver ferito una persona che ci voleva bene.

Qualunque esso sia, quel ricordo negativo esercita un potere su di te. Trattenere la negatività, ci avvelena lentamente alimentando una cattiva energia e ci spinge a vivere in uno stato di oscurità, invece che di luce.

Per cambiare prospettiva, devi fare un passo avanti con audacia e rielaborare il ricordo negativo.

## METTILO IN PRATICA

Scrivi un ricordo che non riesci a lasciar andare. Se hai vissuto dei traumi in passato, potrebbe essere più facile iniziare con qualcosa di piccolo. Una volta trovata un'immagine negativa che scava nel tuo subconscio, descrivila in ogni dettaglio, senza tralasciare nulla.

Scrivere può essere un'azione molto catartica perché ti aiuta a rilasciare energia negativa. Per ottenere il massimo da questo esercizio, poniti queste domande:

- Cos'altro stava succedendo nella mia vita in quel momento?

......................................................................

......................................................................

- Come mi ha fatto sentire tutto questo all'epoca?

......................................................................

......................................................................

- Cosa ho imparato da quell'esperienza?

......................................................................

......................................................................

- Ha portato a cambiamenti importanti (possono essere interni o esterni)?

......................................................................

......................................................................

- Immagina che qualcun altro abbia vissuto quell'evento dall'esterno. Riesci a immaginarlo dal punto di vista di un'altra persona? Come

potrebbe apparire e cosa si potrebbe pensare da fuori?

.................................................................................

.................................................................................

Una volta che hai le risposte a queste domande, prenditi un momento per immaginare quel ricordo in modo diverso. Riscrivi la storia da una nuova prospettiva. Poi, osserva come ti senti una volta terminato l'esercizio: riesci a trarre lezioni preziose per la tua crescita da quel ricordo?

# ESERCIZIO CREATIVO

Disegna un'immagine che rappresenti il tuo ricordo negativo e le lezioni positive che hai imparato dall'esercizio appena concluso. Appendi il disegno in un posto in cui puoi vederlo spesso: ti aiuterà a eliminare l'energia negativa legata a quel cattivo ricordo. Non dimenticare che la prospettiva cambia tutto!

# Conclusioni

La nostra visione della vita può essere influenzata dalle esperienze negative, soprattutto se non le superiamo. Per lavorare sulla tua prospettiva, richiama alla mente un brutto ricordo e prova a vederlo in un modo diverso. Potresti anche chiedere a qualcuno di aiutarti, ad esempio a un amico o un familiare. Ascolta il loro punto di vista e cerca di trarre importanti insegnamenti da qualsiasi esperienza, anche da quelle negative.

# Parte seconda: Celebra la tua forza

# Capitolo cinque

## Goditi il tempo che passi da sola

> La gentilezza è sempre alla moda e sempre benvenuta
>
> —Amelia Barr

Una parte del pensiero positivo consiste nel prendersi il tempo per celebrare i propri doni. È importante che apprezzi i tuoi punti di forza e la persona che sei. Tuttavia, come donne, spesso veniamo giudicate egoiste se decidiamo di passare del tempo da sole o se vogliamo ritagliarci un po' di tempo per fare qualcosa per noi.

La verità è che amare se stessi significa prendersi cura di sé e uno dei modi migliori per farlo è dedicarsi del tempo.

Credimi, troverai sempre una scusa per non dedicare un giorno solo a te stessa: c'è il lavoro, la casa, i bambini... la lista è infinita. Ecco perché è importante programmare tale tempo e rispettarlo in ogni caso. Trascorrere del tempo da sole è incredibilmente salutare. Riduce lo stress, aiuta a calmare il rumore nella testa e ringiovanisce come nient'altro.

## METTILO IN PRATICA

Sfortunatamente, siamo portate a pensare sempre ai bisogni delle persone che ci circondano e quasi mai ai nostri. Inizia elencando le cose che fai nella vita che sono dedicate solo a te.

Magari la mattina ti piace leggere, o magari dedichi un giorno al mese alla *manicure*. Forse c'è un sentiero escursionistico che vuoi provare a fare da sola o un bar in cui prendere un buon caffè e staccare un po' la spina. Se al momento non ti viene in mente nulla, fai un respiro profondo e rilassati.

Su un foglietto di carta, scrivi il tuo obiettivo, ossia concentrarti su attività dedicate a te e a nessun altro. Meriti di dedicare tempo a te stessa, proprio come lo dedichi alle altre persone nella tua vita.

Una volta creata la lista delle attività che già fai per te, prova ad aggiungerne altre cinque. Mi raccomando, devono essere attività che vuoi davvero fare, non una commissione o qualcosa che scegli di fare per i tuoi figli o un amico. Questa è un'occasione per valorizzare i tuoi interessi. Può essere una lezione di yoga, scrivere un diario, fare meditazione, e così via. Ora, ti basterà scegliere il giorno da dedicare a tali attività. Sarai solo tu con te stessa, in un momento di solitudine per celebrare chi sei e i tuoi punti di forza.

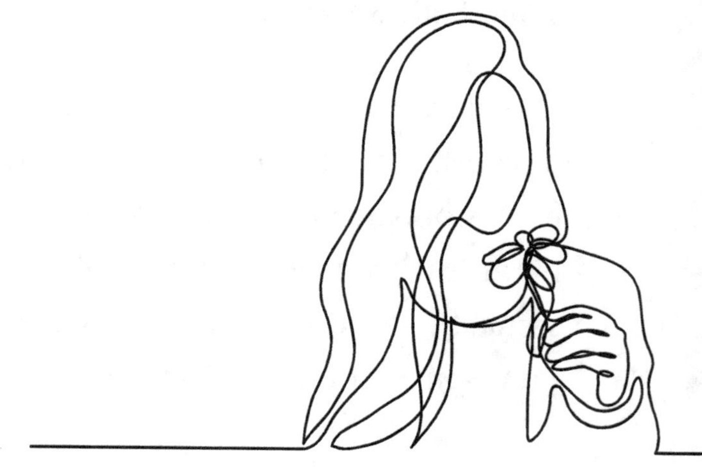

# ESERCIZIO CREATIVO

Disegnati mentre fai qualcosa esclusivamente per te stessa. Non deve essere un disegno perfetto, l'importante è che questa immagine trasmetta forza; la forza di amarti e concederti lo spazio che meriti!

## Conclusioni

Amati e celebra chi sei trascorrendo del tempo da sola. Non c'è modo migliore per dirsi "ti amo" che passare del tempo in nostra compagnia facendo qualcosa che ci piace. Inoltre è un ottimo modo per costruire autostima, relax e forza.

# Capitolo sei

## Difendi te stessa

> **Entra nella nuova storia
> che sei disposto a creare**
> *—Oprah Winfrey*

Questo è il giorno in cui inizi a difendere te stessa, i tuoi desideri e bisogni. Ci sono donne che tendono a non esprimere il proprio pensiero e a rimanere in disparte, forse perché temono di essere giudicate. Preferiscono evitare le situazioni difficili piuttosto che combattere e far valere il loro punto di vista.

Tuttavia, tale atteggiamento potrebbe spingerti ad accettare situazioni che non ti vanno affatto bene: magari qualcuno ha fatto un'affermazione che non

sopporti o sta cercando di approfittarsi di te. Beh, è ora di reagire.

Difendi te stessa. Tutti meritiamo di sentirci al sicuro, felici e amati. Perché lasciare che le persone ci calpestino quando possiamo porre dei limiti attingendo alla forza che abbiamo dentro? I confini sono un modo sano per mostrare alle persone ciò che vogliamo o non vogliamo tollerare.

Non avere paura di difenderti e di dire ciò che desideri: in questo modo mostri la tua forza, il tuo coraggio e l'amore per te stessa.

# METTILO IN PRATICA

Fai un elenco di cose, parole o azioni che ti mettono a disagio. Un amico ha fatto una battuta offensiva? Il tuo capo ha cercato di screditarti? Il tuo partner si è approfittato di te? Scrivi tutte le volte che hai avuto l'impressione che qualcuno oltrepassasse un confine.

Poi, scegli quelle che ti fanno arrabbiare di più e inizia a pensare a cosa potresti fare per stabilire un limite ed evitare che quelle situazioni spiacevoli si ripetano. Oppure, rifletti su come potresti far capire alla persona interessata che il suo comportamento ti mette a disagio. Tieni a mente che non si tratta di ottenere una reazione specifica da parte sua: non possiamo mai controllare le azioni altrui.

Concentrati invece su ciò che puoi fare o dire per farti ascoltare. Sfortunatamente, gli altri tendono a non amare i confini, pertanto, la prima volta che cerchi di stabilirne, potrebbero reagire in modo imprevisto. Ecco perché molte evitano di farlo: preferiscono non creare conflitti.

Ma porre un confine può creare una bellissima libertà e permetterti di esprimere il tuo pensiero senza timore di essere giudicata. Qualunque cosa accada, ricorda questo: l'importante è aver mantenuto la tua posizione e aver espresso il tuo pensiero.

Hai fatto ciò che era giusto e meglio per te e questo è il modo migliore per costruire la tua autostima.

## ESERCIZIO CREATIVO

Trova una foto di te insieme ai tuoi amici (o meglio, una foto di te di un momento in cui ti sentivi completamente a tuo agio). Quando sappiamo di essere amate, a prescindere dalla situazione, siamo più capaci di stabilire e far rispettare i nostri limiti.

Guardando la foto, annota come ti sentivi in quella situazione o con quelle persone. Poi, tieni la foto con la pagina che stai scrivendo in modo da poterla sempre vedere e ricordarti i sentimenti positivi che hai provato in quel momento. Cerca di rivivere ogni

giorno quelle sensazioni positive. Porre dei limiti diventerà sempre più facile!

# Conclusioni

Se non esprimi ciò che pensi, chi lo farà per te? Se da un lato è importante connettersi con gli altri e sostenersi a vicenda, dall'altro devi conoscere la forza che hai dentro di te. Uno dei modi migliori per sviluppare tale forza è stabilendo dei limiti. Più vedete i vostri punti di forza, più anche gli altri cominceranno a vederli.

# Capitolo sette

## Riscopri la tua città

> Sogni e realtà sono opposti.
> L'azione li sintetizza
>
> —Assata Shakur

Molte persone tendono a vivere nello stesso posto per anni, magari perché vivere in una città che conosciamo bene è confortante. Tuttavia, alla lunga può risultare un po' noioso. Perché non provi a guardare la tua città con occhi diversi?

Questo esercizio ti spingerà a vivere esperienze nuove, conoscere nuove persone e apprezzare ancora di più la città in cui vivi, allontanandoti dalla routine. Se desideriamo adottare una visione più positiva della

vita, è importante metterci alla prova e continuare a crescere anche nel posto in cui viviamo da sempre.

# Mettilo in Pratica

Insieme ai tuoi amici, fai un elenco di cinque posti nella tua zona che non avete mai visto o visitato prima. Potrebbero essere ristoranti, parchi e così via. La cosa importante è che possiate scoprirli per la prima volta insieme.

Quando visiterete uno di questi nuovi luoghi o farete una nuova attività, adotta la prospettiva di un turista. Poniti queste domande:

- Come appare la mia città al turista che la visita per la prima volta?

.........................................................................................

.........................................................................................

- Qual è la parte o il luogo più emozionante, più bello e più speciale?

.........................................................................................

.........................................................................................

- Quali sono gli aspetti positivi che un turista potrebbe apprezzare?

............................................................

............................................................

## Esercizio Creativo

Scrivi una breve guida sulla tua città rendendola interessante, come se dovessi convincere qualcuno a venirti a trovare. Se preferisci disegnare o scattare foto, immagina di creare una cartolina. Questa nuova prospettiva può davvero aiutarti ad apprezzare di più il posto in cui vivi.

# Conclusioni

Siamo molto influenzati da ciò che ci circonda, e di conseguenza il posto in cui vivi influenza il modo in cui vedi la vita. Se la tua città inizia a stancarti, prova a guardarla in un modo diverso.

# Capitolo otto

## Trova (e ama) i tuoi difetti

> **"**
> Sii disordinata e complicata e spaventata
> e non aver paura di mostrarti come sei
> —*Glennon Doyle*
> **"**

Nessuno è perfetto: è una verità universale. Non c'è niente di male, è solo un dato di fatto. I tuoi difetti ti rendono umana: non guardali solo come punti di debolezza e inizia ad apprezzarli!

Invece di buttarti giù quando noti i tuoi difetti, inizia a *lavorarci*. Come puoi cambiare il modo in cui vedi quelle parti apparentemente meno belle di te? Inizia con un esame di coscienza!

# METTILO IN PRATICA

Anche se potrebbe essere un po' difficile, pensa a qualcosa di te stessa che non sempre ti piace. Non limitarti al tuo debole per il cioccolato, ma scava un po' più a fondo. Magari potresti non amare il fatto che preferisci stare in disparte e mai al centro dell'attenzione; oppure lasci che le persone si approfittino di te perché non riesci a contraddirle. Oppure non hai tutta la pazienza che vorresti avere in situazioni di stress.

Ora, inizia a guardare questi tratti da una nuova prospettiva.

- Se non sei al centro dell'attenzione, chi lo è? Perché, secondo te? Sei pronta a occupare un po' di spazio o sei felice di lasciare che altre persone brillino? È un vero difetto o solo un tratto della tua personalità?

........................................................................................

........................................................................................

- Se tendi ad assecondare le persone, pensa al perché. Voler rendere le persone felici ed essere sempre gentili può essere una qualità

che potresti sfruttare in altri ambiti della vita, ad esempio dedicandoti al volontariato.

.....................................................................................................

.....................................................................................................

- Se sei troppo impaziente, pensa alle situazioni in cui hai perso la pazienza: cosa è accaduto intorno a te? Cosa ha causato quello stress? Come puoi fermarti la prossima volta che ti trovi in una situazione simile?

.....................................................................................................

.....................................................................................................

Elenca i tratti della tua personalità che trovi negativi. Anche se non tutte le cose si riveleranno effettivamente positive, la maggior parte di esse andrà probabilmente a tuo favore. Puoi anche pensare a come trasformare quei lati negativi in qualità. Come puoi concentrarti sui tuoi punti di forza per aiutare te stessa e cambiare le tue "debolezze"? Scrivi ciò che ti viene in mente e inizia a vedere ciò che prima consideravi un difetto come una tua splendida peculiarità.

# ESERCIZIO CREATIVO

Disegna un ritratto del tuo viso o scatta una foto. Se lo disegni, assicurati di includere tutto, anche ciò che potresti considerare un difetto. Intorno al viso, annota i nuovi punti di forza che hai trovato dentro di te.

## Conclusioni

Questa sei tu, con tutte le tue imperfezioni, ma anche con tanta bellezza. C'è luce e forza dentro e fuori di te, e se inizi a pensare positivo, riuscirai a vedere meglio i tuoi punti di forza.

# Parte terza: Ama la tua energia

# Capitolo nove

## Dai il giusto valore al cibo

> Questo è il mio immancabile consiglio alle persona: impara a cucinare, prova nuove ricette, impara dai tuoi errori, non avere paura e soprattutto divertiti
> —*Julia Child*

Il tuo corpo è il tuo veicolo e ha bisogno di manutenzione. Prendertene cura significa sostenere anche il tuo corpo emotivo, mentale e spirituale e dimostrare amore a te stessa.

Ciò che mangiamo ha un effetto incredibile sul nostro benessere. Questo non è un libro di diete, ma voglio aiutarti a dare il giusto valore all'alimentazione. Pensa a ciò che mangi come a un modo per sostenere il benessere del tuo cuore e della tua mente.

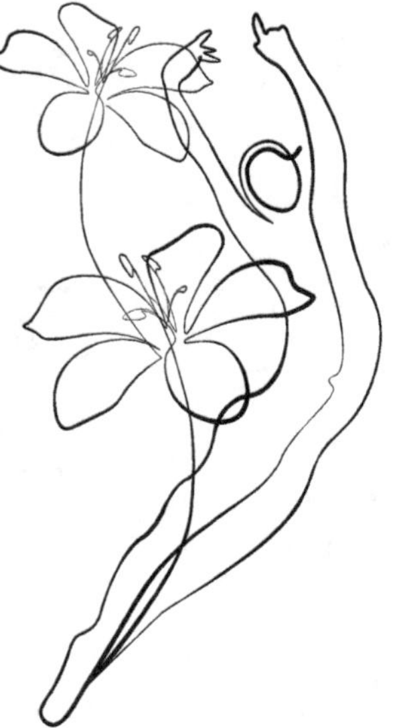

## METTILO IN PRATICA

Crea un elenco di buone abitudini e alimenti sani. Quindi, scorri l'elenco e spunta ciò che già fai o consumi e metti un cerchio intorno alle cose su cui devi ancora lavorare.

Ad esempio, potresti dover diminuire un po' lo zucchero o allenarti di più. Forse dovresti aggiungere altra verdura ai tuoi pasti. Guarda gli elementi che hai cerchiato e decidi quali possono indirizzarti verso una vita più sana.

In seguito, crea un piano alimentare. Inizia con qualcosa di piccolo: ad esempio, puoi aggiungere più

verdure a pranzo o a cena. Segui lo stesso approccio con l'esercizio fisico; inizia con un allenamento di quindici minuti, poi aumenta settimana dopo settimana. Se non fai esercizio fisico, pensa ad altre attività che ti possono aiutare a fare movimento.

Ora, scrivi una lista di cibi che spesso ti tentano. Di solito, questi alimenti non sono molto sani, quindi è importante capire se puoi apportare dei cambiamenti. Nel creare il tuo piano alimentare, puoi bilanciare alcuni di questi alimenti meno sani e mangiarli quando decidi di premiarti per un risultato che hai raggiunto.

## ESERCIZIO CREATIVO

Vai al mercato contadino e acquista frutta e verdura fresca e colorata, che normalmente non compri. A casa, disegnale e goditi la bellezza del cibo sano.

Poi, libera la tua creatività con ricette sane e deliziose. Puoi trovare ispirazione ovunque online, nei ricettari di famiglia o in biblioteca.

# Conclusioni

Prendersi cura di se stesse significa fare quel passo in più e fare ciò di cui il nostro corpo ha bisogno. Più nutri il tuo corpo, più benessere avranno la tua mente e il tuo cuore. Può essere una strada difficile, ma non te ne pentirai.

# Capitolo dieci

## Elimina ciò che non usi

> "Tenersi occupati e rendere l'ottimismo uno stile di vita può ripristinare la fiducia in se stessi
>
> — *Eleanor Roosevelt*

Chi dice che hai bisogno di una giornata alle terme per sentirti meglio? Sbarazzarti di ciò che non indossi più o di cui non hai più bisogno può farti sentire altrettanto bene. Fare ordine di tanto in tanto può portare nuova freschezza nella tua vita; tutti abbiamo bisogno di farlo saltuariamente.

Tendiamo ad accumulare un sacco di cose e, a volte, lo facciamo solo perché crediamo che le cose materiali ci facciano star bene. Ad esempio, pensiamo "e se un

giorno mi servisse?", o "questo è così bello che non riesco a darlo via". Ma a volte tutte queste cose inutili, oltre a non portarci alcun beneficio, ci tolgono energia.

Le cianfrusaglie inutili di cui ci circondiamo possono diventare una rappresentazione fisica del nostro modo di vivere. Ci aggrappiamo agli oggetti di cui non abbiamo davvero bisogno. Tuttavia, dando una rinfrescata al nostro ambiente, lasciamo andare le cose inutili che ci appesantiscono, facciamo spazio alle cose più importanti e ci sentiamo molto meglio.

## Mettilo in Pratica

Cominciamo con i vestiti: apri l'armadio e tira fuori tutti i tuoi capi. Esaminali e chiediti "cosa metto davvero? Cosa mi serve e cosa mi piace?". Se ci sono cose che non indossi da tempo, allora è il momento di eliminarle dall'armadio. Oppure, se un capo non ti sta più bene, mettilo da parte e donalo a qualcun altro.

Per rendere questo compito più semplice, puoi suddividere i tuoi vestiti in tre gruppi. Da una parte metti le cose che ami e che vuoi tenere, dall'altra metti le cose per cui non riesci a deciderti e nell'ultimo gruppo

metti le cose che vuoi dare via. Successivamente, torna di nuovo alle cose su cui eri indecisa e mettile tra le cose da tenere, o tra quelle da donare. La pila dei "forse" dovrebbe essere completamente vuota.

A questo punto, porta i vestiti che hai deciso di non tenere in un negozio di seconda mano o donali a chi ne ha più bisogno. I capi che hai scelto di tenere sono quelli che ami veramente e che ora apprezzerai ancora di più.

Esamina in questo modo anche tutto il resto delle cose che hai in casa e rimarrai stupita di quanto ti sentirai meglio!

# ESERCIZIO CREATIVO

Crea un armadio che ami! Anche se ci piace avere molti vestiti, nessuno ama il disordine.

Disegna l'armadio che vorresti avere. Dovrebbe contenere solo le cose che vuoi indossare e tutte perfettamente in ordine.

# Conclusioni

È ora delle pulizie di primavera. Sfida te stessa a farle una volta all'anno per capire il motivo per cui hai acquistato certi oggetti. Va bene dare via le cose. A volte, essere più consapevoli di ciò che possediamo può insegnarci un po' di più su noi stesse, su come agiamo e su ciò che apprezziamo.

Inoltre, se sei in grado di lasciar andare i capi che non ti servono più, significa che potrai liberti del disordine che caratterizza la tua vita e sentirti davvero bene.

# Capitolo undici

## Sostieni te stessa



Il lavoro è necessario per vivere, ma le donne spesso si sovraccaricano di impegni fino ad arrivare al limite. Sebbene tutte noi vogliamo raggiungere ottimi risultati in ogni ambito, è essenziale prenderci dello spazio per riposare.

L'intero libro è incentrato sulla cura di noi stesse, così da imparare a vedere la vita da una prospettiva positiva. Se siamo realistiche in merito a quanto tempo ed energia possiamo dedicare a ogni compito, riusciremo a prenderci il tempo da dedicare a noi stesse e a mantenere quella positività.

Fallo per te stessa e avrai più spazio, energia e tempo per fare ciò che ti rende felice!

## METTILO IN PRATICA

Fai un elenco di tutti gli impegni della tua giornata. Certo, probabilmente devi lavorare, ma poi pensa a quelle piccole cose che fai che richiedono tempo ed energia, tipo fare il bucato, preparare la cena, andare a fare la spesa, e così via.

......................................................................................

......................................................................................

......................................................................................

......................................................................................

......................................................................................

Guarda la lista e pensa alla tua energia. Stai esagerando? All'inizio della giornata ti senti piena di energia o sei già esausta pensando a tutto il lavoro che devi fare?

Prendi un foglio e prova a immaginare dove trovare del tempo da dedicare a te stessa.

- Puoi fare la spesa online?
- Puoi far fare il bucato in lavanderia?
- Puoi delegare un'attività al lavoro?
- Puoi evitare di pensare al lavoro una volta uscita dall'ufficio?
- Qualcuno può aiutarti a prenderti cura dei bambini?

Analizzando le diverse opzioni, troverai dei modi per risparmiare tempo ed energia. Ci è stato insegnato di dare la priorità al lavoro, ma è arrivato il momento di concentrarci un po' di più sul meritato riposo!

# Esercizio Creativo

Disegna un'immagine di te che lavori: magari mentre scrivi un'e-mail o fai il bucato. Accanto, disegna te stessa in un momento di riposo, mentre leggi un libro, guardi la TV o bevi un buon bicchiere di vino.

Guarda entrambe le immagini e rifletti sull'idea di equilibrio tra lavoro e riposo. Queste due attività sono sullo stesso piano e devi dare spazio ad entrambe per una vita felice.

## Conclusioni

Alcune persone amano lavorare perché hanno la possibilità di mettere in mostra le loro abilità o di approfondire qualcosa che le appassiona. Ma anche se ami il tuo lavoro, puoi comunque arrivare facilmente al limite delle tue forze. Inizia a dedicare più spazio al più riposo e cerca modi per risparmiare tempo e energia!

# Capitolo dodici

## Rifletti sul tuo modo di amare

> Ricorda che ti critichi da anni e non ha funzionato. Prova invece ad apprezzarti e guarda cosa accade
>
> —*Louise Hay*

L'amore fa girare il mondo. Chi amiamo e come dice tanto di noi. Le persone a cui vogliamo bene, siano questi amici, partner o familiari, diventano parte di noi. Le nostre relazioni guidano il modo in cui viviamo la vita, ma a volte siamo così concentrati su cose esterne, come il lavoro, che dimentichiamo come amare e come farlo nel modo giusto. E questo vale anche per l'amore verso noi stesse.

A volte, ci trattiamo come non tratteremmo mai un'altra persona, specialmente qualcuno che amiamo! Lo scopo della vita è godersela e assaporare tutte le belle esperienze che essa ci dona, ma quando pensiamo di non essere all'altezza, ci trasformiamo nei nostri critici più severi. Magari dobbiamo ancora raggiungere l'obiettivo lavorativo dei nostri sogni oppure non ci piacciamo fisicamente. È facile starsene sedute a desiderare di aver fatto scelte diverse in passato, invece di onorare chi siamo oggi.

Lungo il tuo percorso per cambiare i tuoi schemi di pensiero in positivo, è importante osservare il modo in cui ami. Riflettendo su questo aspetto, puoi capire meglio come iniziare ad amare te stessa nel modo giusto.

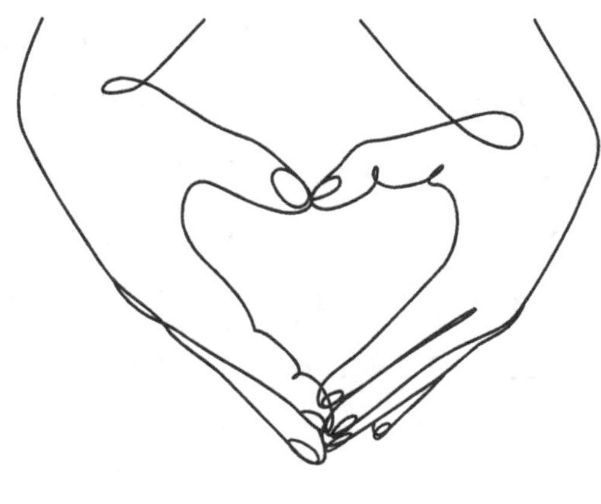

# METTILO IN PRATICA

Osserva le tue relazioni, sia passate che presenti e chiediti:

- Che tipo di partner ero?

  ...................................................................................................

  ...................................................................................................

- Come ho fatto ad amare quella persona?

  ...................................................................................................

  ...................................................................................................

- Quali cose positive potrebbe dire quella persona su di me che io non direi?

  ...................................................................................................

  ...................................................................................................

Dopo aver dedicato un po' di tempo a questo esercizio, scrivi alcune idee su come potresti indirizzare verso te stessa la capacità di amare gli altri con gentilezza, compassione e comprensione.

Fai un passo ulteriore e, pensando a tutte le tue relazioni, romantiche o platoniche, individua 100 cose che hai da offrire. All'inizio potrebbe sembrarti difficile, ma non mollare. Potrebbe essere la tua capacità di fare complimenti o il fatto che ti piace far ridere gli altri. Anche la cosa più semplice può fare la differenza. Scrivi queste qualità in una lista.

Dedica un po' di tempo a quell'elenco e ricorda quanto sei meravigliosa, quante qualità uniche apporti al mondo e a chi ti circonda. Invece di concentrarti solo sui tuoi difetti o su come non ti senti mai all'altezza delle situazioni, pensa a tutti i tuoi punti di forza. Amati nel modo che meriti.

## ESERCIZIO CREATIVO

Accanto a ciascuno dei 100 punti che hai elencato, prova a scrivere in che modo puoi utilizzare quella qualità per mostrare amore. Ci vorrà del tempo, quindi procedi passo dopo passo. Se sei generosa, espressiva o una grande ascoltatrice, immagina come potresti mettere a frutto quella qualità in modo nuovo per donare amore agli altri e sentirti più amata.

# Conclusioni

Spesso impariamo ad amare gli altri molto prima di imparare ad amare noi stesse. Ma siamo altrettanto importanti e l'amor proprio è indispensabile! Più ami te stessa, più quell'amore porterà una meravigliosa energia al mondo.

# Parte quarta: Ama la tua perseveranza

# Capitolo tredici

## Racconta la tua storia

> **Finché il ricordo di alcuni carissimi amici resterà nel mio cuore, dirò che la vita è bella**
> —*Helen Keller*

Una delle cose meravigliose di essere te stessa è che sei unica. Lo siamo tutti e ognuno ha la propria storia da raccontare. A volte potremmo essere sopraffatti al pensiero del numero di persone nel mondo e chiederci: "Come potrei mai essere importante?".

Eppure, lo sei più di quanto tu possa immaginare. Potresti pensare che non valga la pena raccontare la tua storia, ma ricorda che è preziosa. Quando

condividiamo la nostra storia, condividiamo una parte di noi stessi e ci relazioniamo agli altri.

Tutti meritano di raccontare la propria storia e anche tu puoi farlo, in qualsiasi modo desideri.

# METTILO IN PRATICA

Possiamo raccontare chi siamo in modi diversi. Se normalmente non sei una persona a cui piace parlare di sé perché farlo ti fa sentire vulnerabile o ti mette a disagio, prova a condividere ogni giorno qualcosa di più con gli altri. Potresti iniziare con il tuo partner, poi sfidarti a farlo con amici e familiari. Anche andare in terapia può essere un ottimo punto di partenza. Magari, la tua storia non ti piace per qualche ragione; potresti vergognarti di ciò che hai fatto in passato o aver vissuto un trauma che preferiresti tenere nascosto. Sicuramente, impiegherai del tempo, ma inizia in piccolo.

Non devi più nasconderti né continuare a scappare da ciò che sei: condividendo la tua esperienza, inizierai a sentirti più libera.

Smetti di avere paura o provare vergogna del tuo passato. Accetta la tua storia personale e scoprine i lati positivi, perché è unica!

## ESERCIZIO CREATIVO

Crea un album della tua storia personale. Se ami il fai da te, vai in un negozio di bricolage e acquista tutto ciò di cui hai bisogno. Dedica almeno una pagina a ogni evento importante e decisivo della tua vita.

Raccogli oggetti che hanno un significato speciale per te, come il primo biglietto del cinema o di un concerto. Fanno parte di chi sei e della tua storia.

## Conclusioni

Spesso ci vergogniamo della nostra storia e tendiamo a non condividerla con le persone che ci vogliono bene. Eppure noi siamo la nostra storia! Inizia a raccontarla e sentiti più libera!

# Capitolo quattordici

## Sii la guida verso i tuoi sogni

> Scopri chi sei e fallo di proposito
> —Dolly Parton

L'aspirazione ci rende umani. Quella spinta a fare di più ci dà la forza di affrontare qualsiasi cosa incontriamo lungo il nostro cammino. L'importante è fare il primo passo. Tuttavia, in una società che si basa sulla concretezza e sulle azioni, avere dei sogni può essere difficile. Ci viene insegnato a essere sempre pratici, a pensare al denaro, alla sicurezza o alla famiglia.

Eppure abbandonarsi ai nostri sogni, può essere incredibilmente liberatorio. Sogna in grande, punta

in alto e pensa a tutte le cose che vorresti realizzare nella tua vita. Vuoi diventare una scrittrice? Vuoi avviare una tua attività? Vuoi registrare un album musicale? Aggrappati a questi obiettivi e concediti la libertà di sognare.

Senza un piano questa libertà può venire soffocata, ma ricordati che è sempre possibile trasformare un sogno in un obiettivo!

## METTILO IN PRATICA

I nostri sogni sono importanti e meritano la nostra attenzione. Se ci mettiamo in moto in modo intenzionale, il nostro sogno si trasformerà in un obiettivo. Prendi il tuo diario o un foglio e inizia a scrivere cinque cose che vuoi realizzare nella tua vita, e in quale arco temporale.

Ecco alcuni spunti:

- Vuoi ottenere una promozione al lavoro
- Vuoi trasferirti in una città completamente nuova
- Vuoi scrivere un libro sulla tua vita

Nella pagina successiva, annota i passi che puoi fare per progredire verso quel sogno. Ora sarà diventato un obiettivo: non stai solo sognando, stai dando fiducia ai tuoi sogni e li stai trasformando in realtà.

# Esercizio Creativo

Pensa a come sarà la tua vita una volta raggiunto uno dei tuoi obiettivi. Immaginalo e disegnalo. Può trattarsi di un'immagine di te, di un risultato o di una scena della tua vita futura una volta raggiunto l'obiettivo.

# Conclusioni

I sogni ci uniscono come donne e creano un legame. L'immaginazione permette di liberare il proprio sé più autentico, ci aiuta a scavare dentro di noi e a scoprire le nostre vere passioni. Dedica del tempo a seguire questo processo e scopri qualcosa di nuovo su di te.

# Capitolo quindici

## Dai libero sfogo alla tua creatività

> Dai il massimo trasformando le piccole scintille interiori della possibilità in fiamme di successo
> —*Golda Meir*

La perseveranza è un dono. Un modo per superare i momenti difficili della vita consiste nell'alimentare la propria creatività. A volte pensiamo che se non siamo dei veri 'artisti' non possiamo disegnare o dipingere, o siamo privi di creatività.

Ma la creatività è a portata di tutti, e in ognuno assume una forma diversa, ma tutti siamo in grado di creare. Non importa cosa tu scelga di fare per esprimerti: scrivere, scolpire, ballare, qualsiasi cosa... libera l'artista che è in te.

Ti chiedo di sforzarti di amare il lato più estroso di te stessa dedicandogli lo spazio che merita. Prenditi un po' di tempo ogni settimana per fare qualcosa di creativo che sia incentrato su di te. È ora di dare spazio all'espressione personale.

## METTILO IN PRATICA

Cosa ti piace fare? Cosa stimola la tua immaginazione, ti allontana dalla realtà e dà libero sfogo alla tua creatività?

- Ti piace dipingere?

  .................................................................................

  .................................................................................

- Ami arredare?

  .................................................................................

  .................................................................................

- Ti piacciono le composizioni floreali?

  .................................................................................

  .................................................................................

- Ti piace comporre musica?

........................................................................................

........................................................................................

Non farlo per denaro o per guadagno; la creatività non consiste in questo. Ritagliati un po' di tempo ogni settimana per fare qualcosa di creativo come forma di amore verso te stessa. Ad esempio, se ami la fotografia, scatta foto dei luoghi che ti piacciono nella tua città almeno una volta a settimana.

Fare qualcosa di creativo aumenterà la felicità, il benessere generale e ti aiuterà ad andare avanti nei momenti più difficili.

# ESERCIZIO CREATIVO

Pensa alle tre passioni più grandi della tua vita. Su tre fogli separati, disegna ciascuna di esse o qualcosa che le rappresenti tutte. Di quali colori e forme sono le tue passioni? Come le immagini? Come puoi includerle nella tua vita?

## Conclusioni

Troppo spesso trascuriamo la nostra creatività e ci dimentichiamo che fa parte di ciò che siamo. Passando del tempo a fare qualcosa di creativo, ci diamo, in realtà, la possibilità di staccare un po' la spina dalla routine quotidiana.

# Capitolo sedici

## Ottimizza il tuo sistema



Proprio come al tuo dispositivo tecnologico, anche a noi a volte serve un aggiornamento. Quando siamo indaffarate, ci concentriamo così tanto sui compiti da fare che arriviamo allo sfinimento mentale o fisico. È naturale, ma a volte potrebbe derivare dal fatto che usiamo un "sistema" un po' obsoleto che non funziona più e che è ora di cambiare.

Se ottimizziamo i nostri sistemi, troveremo modi per risparmiare energia, tempo e risorse per ottenere il massimo dalla nostra vita.

Magari, quando eri più giovane ti alzavi presto al mattino e ti allenavi e questo ti faceva stare bene, mentre ora devi prima accompagnare i bambini a scuola. In questo caso, ad esempio, potrebbe essere necessario modificare tale abitudine.

In alcuni casi, infatti, bisogna fare un vero e proprio reset. Se non riesci più ad andare a correre al mattino, puoi farlo subito dopo il lavoro, prima che i bambini tornino da scuola, oppure dopo che sono andati a letto.

È ora di iniziare a fare il punto sul tuo sistema e capire se ha bisogno di una revisione per poter ripartire alla grande.

## METTILO IN PRATICA

Analizza le tue abitudini: pensa al lavoro, alla vita in casa, alla salute, al riposo e altro ancora. Mentre rifletti su ciascuna di esse, pensa a ciò che ti fa sentire davvero bene e a ciò che fai fatica a controllare.

Hai fatto progressi in quelle aree? Ci sono punti in cui potresti fare meglio? Prova a pensare alle nuove abitudini che potresti acquisire o semplicemente a quelle che potresti modificare, ad esempio, cambiando gli orari che dedichi al riposo e all'allenamento, o modificando l'ordine dei compiti da svolgere durante il lavoro, e così via.

## ESERCIZIO CREATIVO

Scegli un'immagine astratta da colorare. Mentre lo fai, pensa alla tua vita come a un insieme di sistemi diversi che lavorano insieme.

# Conclusioni

Abbiamo tutti bisogno di un aggiornamento ogni tanto perché se un sistema funzionava in passato, non significa funzioni ancora oggi. Fai una rapida analisi e cerca di capire in quali ambiti della tua vita apportare dei cambiamenti!

# Parte quinta: Ama te stessa, punto

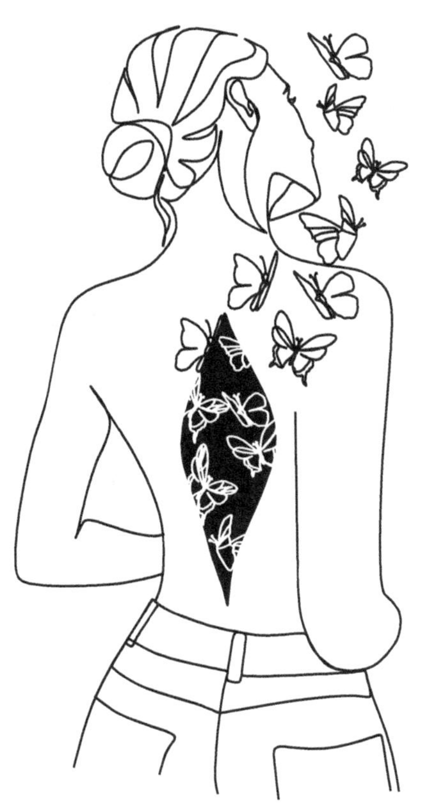

# Capitolo diciassette

## Mostra gratitudine a te stessa



È dimostrato che praticare la gratitudine rende le persone più felici, più sane, permettendo loro di vivere appieno la vita. Quando ringraziamo per le cose belle, ci esercitiamo a notare ogni giorno la bellezza. Sempre più eventi positivi cominciano ad affiorare nella nostra mente e la gratitudine si manifesta in modo sempre più naturale.

A volte può risultarci più facile ringraziare gli altri, piuttosto che ringraziare noi stesse. Ora hai l'occasione

di concedere a te stessa un po' di gratitudine per ogni nuovo obiettivo raggiunto, piccolo o grande che sia.

Abituati a dire grazie a te stessa più spesso, e non sarai più un ostacolo alla tua felicità, bensì un'amica che ti sprona a fare sempre meglio.

## METTILO IN PRATICA

Tieni sempre a portata di mano dei biglietti su cui hai scritto pensieri di gratitudine. Anche i *post-it* colorati vanno bene. Tienili in ufficio, a casa e nella borsa. Leggili ogni volta che fai qualcosa per la tua salute, i tuoi sogni o il tuo benessere.

Ringrazia te stessa quando riesci ad allenarti nei giorni che ti eri prefissata, quando cucini un pasto sano e delizioso o quando stabilisci un confine per proteggerti. Ci sono così tante cose belle di cui essere grata nella tua vita!

## Esercizio Creativo

Disegna un simbolo di gratitudine che ti faccia pensare a quanto devi essere grata a te stessa ogni volta che lo guardi. Potrebbe essere un sole, un fiore che ami, un mandala, qualsiasi cosa ti aiuti a volgere la mente verso la gratitudine!

# Conclusioni

Nella tua vita quotidiana fai tantissime cose. Ma non aspettare che siano gli altri a dirti "grazie". Dillo a te stessa e mostrati gratitudine per tutto ciò che fai ogni giorno.

# Capitolo diciotto

## Apprezza le cose belle della vita

> "
> Ricorda sempre di sorridere e apprezzare ciò che hai nella vita
> —*Marilyn Monroe*
> "

I tuoi genitori non ti hanno mai detto di apprezzare le cose belle che hai nella vita invece di lamentarti? Da piccoli è difficile farlo perché siamo meno capaci di mettere le cose negative in prospettiva. Ma ora che sei adulta, concentrarti su ciò che hai e non su ciò che non hai può davvero cambiarti la vita in modo inimmaginabile.

Si tratta di un concetto strettamente legato all'arte di praticare la gratitudine. Ma mentre nel capitolo precedente ti stimolavo a mostrare gratitudine verso te stessa, qui ti sfido a riconoscere le cose belle che hai

in tutti gli ambiti della tua vita. Quale modo migliore di promuovere la positività e la gioia?

Le benedizioni possono avere forme e dimensioni diverse. Possono essere persone, eventi, oggetti, successi e molto altro ancora, quindi non concentrarti solo un aspetto. Cosa ti sta succedendo di bello? Quali cose buone stanno già accadendo nella tua vita?

## METTILO IN PRATICA

Ognuna di noi dovrebbe trovare il tempo per fermarsi a riflettere sulle benedizioni nella propria vita. Ritagliati dei momenti per fare una lista delle cose che hai. Chiediti:

- Per quali persone puoi essere grata?

........................................................................................................

........................................................................................................

- Chi ti ha aiutato al lavoro, a casa, tra gli amici?

........................................................................................................

........................................................................................................

- Godi di una buona salute?

  ......................................................................................

  ......................................................................................

- Hai degli amici meravigliosi?

  ......................................................................................

  ......................................................................................

- Hai una famiglia che ti ama e ti sostiene?

  ......................................................................................

  ......................................................................................

- Il tuo partner è gentile e paziente?

  ......................................................................................

  ......................................................................................

- I tuoi figli sono sani e felici?

  ......................................................................................

  ......................................................................................

- Hai un tetto sopra la testa?

  ...................................................................................................

  ...................................................................................................

- Hai abbastanza soldi per mantenere te e la tua famiglia al sicuro e felici?

  ...................................................................................................

  ...................................................................................................

- Ti piace il tuo lavoro?

  ...................................................................................................

  ...................................................................................................

- Ami la tua casa e il posto in cui vivi?

  ...................................................................................................

  ...................................................................................................

Più benedizioni riesci a trovare, più potrai concentrarti sugli aspetti positivi. Ora rifletti sulla parola *gratitudine*: cosa significa per te?

Pensa a come puoi mostrare più riconoscenza, anche per le cose belle che hai elencato. Magari puoi invitare

un vicino che una volta è stato gentile con te a cena per ringraziarlo. Oppure puoi dedicare del tempo al volontariato. Scopri nuovi modi di dire grazie e ricordati sempre delle cose belle che hai.

## ESERCIZIO CREATIVO

Scrivi la parola gratitudine a grandi lettere su un foglio. All'interno di ogni lettera, disegna l'immagine di una cosa per cui sei grata. Metti questo disegno in un posto in cui puoi vederlo ogni giorno per aiutarti ad apprezzare le cose belle della tua vita.

## Conclusioni

È dimostrato che le persone che si concentrano su ciò che hanno piuttosto che su ciò che non hanno sono molto più felici. Non lo saresti anche tu se ti focalizzassi sulla tua meravigliosa famiglia, sul tuo lavoro che ami e sui tuoi incredibili amici? Continua a sorridere ricordando ciò che hai perché è proprio così che ti arriveranno nuove benedizioni. Devi solo cercarle.

# Capitolo diciannove

## Ripensa il tuo spazio

> Non abbiamo bisogno della magia per cambiare il mondo. Abbiamo già dentro di noi tutto il potere di cui abbiamo bisogno
>
> —*J.K. Rowling*

Casa è dove si trova il nostro cuore. Desideriamo tutti che la nostra casa sia un luogo sicuro e pieno di amore. Vogliamo un luogo in cui le persone possano venire e ricevere amore e parlare senza giudizio. Pensa al tuo spazio e all'accoglienza che dai agli altri e a te stessa.

Senti di poter essere te stessa nella tua casa? È uno spazio sicuro in cui puoi rifugiarti e rilassarti allontanandoti dal caos della quotidianità? Pensa al

tuo spazio e rifletti su come fa sentire te e gli altri. Più è accogliente la tua casa, meglio starai tu, la tua famiglia e i tuoi amici.

## METTILO IN PRATICA

Una casa accogliente non significa solo aprire le porte a familiari, amici e vicini di casa, ma anche creare uno spazio che dia a te e a tutti loro ciò di cui avete bisogno. Dovrebbe essere un posto in cui tutti possono esprimersi liberamente e condividere le proprie esperienze senza sentirsi giudicati.

Puoi trasmettere questo messaggio ristrutturando l'ingresso per creare uno spazio più aperto e positivo. Aggiungi una ghirlanda, metti delle piante in vaso con delle luci, o dipingi la porta d'ingresso di un colore caldo e invitante.

Inoltre, assicurati di avere una stanza in cui le persone possono sedersi, esprimersi liberamente e divertirsi, ma non dimenticare di dedicarne una speciale anche a te stessa. Dev'essere uno spazio tutto tuo in cui puoi sentirti al sicuro. Potrebbe essere anche un angolo in cui leggere, un luogo per lo yoga o la meditazione, o un posto per scrivere il tuo diario.

## ESERCIZIO CREATIVO

Disegna un'immagine di benvenuto per il tuo ingresso. In che altro modo puoi aggiungere un tocco decorativo e accogliente a quella parte della casa? Puoi progettarlo nella realtà o anche solo in un disegno che dia l'idea delle *porte aperte*.

## Conclusioni

Ognuno merita uno spazio in cui poter rifugiarsi, e tu puoi crearlo per i tuoi amici, la tua famiglia e le persone a cui tieni di più. Ma non dimenticarti di te!

# Capitolo venti

## Premi il pulsante Reset

> *Le donne hanno bisogno di solitudine*
> *per ritrovare la loro vera essenza*
> —Anne Morrow Lindbergh

La routine quotidiana può essere faticosa, non solo a causa del lavoro, ma dei tanti piccoli impegni quotidiano. Ad esempio, dobbiamo fare il bucato, portare i bambini a fare sport, aiutare i parenti anziani e molto altro ancora. Capire quando è arrivato il momento di prendersi una pausa è un gesto di amore. Lo so, può sembrare un compito impossibile considerando tutti gli impegni che abbiamo, ma è essenziale per il nostro benessere. Per vivere una vita felice e positiva, bisogna amare se stesse così tanto da sapersi concedere una pausa.

Magari già passi del tempo da sola leggendo o facendo esercizio fisico; tuttavia, il mio obiettivo in questo capitolo consiste nell'invitarti a passare dei momenti da sola in silenzio.

## MeTTILO IN PRATICA

Inizia a scoprire la solitudine. Guarda la tua agenda e trova un giorno in cui dedicare un po' di tempo a te stessa. Avvisa le persone che ti circondano che non sarai disponibile quel giorno. Non permettere a nessuno di cambiare il tuo piano, a meno che non si tratti di una vera emergenza.

Poi, trova un posto dove poter stare con te stessa senza che nessuno ti disturbi. Niente cellulare, niente bambini, niente distrazioni. Prova ad andare in un parco o un altro posto all'aperto dove puoi sederti e sentirti davvero te stessa. Quando torni a casa, scrivi eventuali riflessioni su questa esperienza. Più lo farai, più imparerai ad amare e desiderare quel momento di solitudine.

## ESERCIZIO CREATIVO

Disegna te stessa mentre rifletti in solitudine. Cosa c'è di diverso in questo disegno rispetto a quelli realizzati in precedenza?

# Conclusioni

A volte, dobbiamo solo abbassare il volume, assaporare il silenzio e imparare ad amare la nostra compagnia per ritrovare la pace interiore e la fiducia in noi stesse. Ricorda, se non ami te stessa o non apprezzi la tua compagnia, chi altro potrebbe farlo?

# Conclusione

La vita è già abbastanza dura senza che ci aggiungiamo i nostri pensieri negativi. Nei momenti più difficili, è facile sentirsi oppresse e credere di non avere nessuno a cui rivolgersi e nessun posto dove andare. Ma ti incoraggio a cercare in te stessa la forza di cui hai bisogno per rialzarti.

Dentro di te troverai una guida, un'amica, una confidente e una voce che ti spronerà ad andare avanti. Non devi fare altro che cercarla. Fallo diventare il tuo obiettivo: inizia a vedere in te stessa la guida che ti permette di superare le difficoltà quotidiane.

Sii più sicura di te e ricordati che la vita può essere difficile, ma è anche ricca di una bellezza incredibile. Quando siamo troppo prese a disprezzarci o troppo stressate per cose che non possiamo controllare, non notiamo le meravigliose esperienze che l'esistenza ci offre.

Adotta una visione più positiva della vita. Ama te stessa e gli altri e sii consapevole dei momenti felici.

Per farlo, dovrai lavorare su:

- cambiare la tua prospettiva
- celebrare la tua forza
- amare la tua energia
- amare la tua perseveranza
- e amare te stessa, punto

C'è una vita meravigliosa là fuori che ti aspetta. Ma sta a te coglierla; tutto ciò di cui hai bisogno è dentro di te.

# Contenuti Bonus

# I NOSTRI REGALI PER TE

Iscriviti alla nostra Newsletter e ricevi queste risorse gratuite

www.specialartbooks.com/free-materials/

## Seguici su:

Instagram: @specialart_books

Pagina Facebook : Special Art Books

Sito Web: www.specialartbooks.com

# Impressum

Per domande, feedback e suggerimenti:

support@specialartbooks.com

Nina Madsen, Special Art

Copyright © 2023

www.specialartbooks.com

Immagini © Shutterstock